Inhalt

Erntebilanz 2006 - Wetterkapriolen bescheren Landwirten unterdurchschnittliche Erträge

Kernthesen

Beitrag

Fallbeispiele

Zahlen und Fakten

Weiterführende Literatur

Impressum

GENIOS BranchenWissen Nr. 04/2007 vom 23.04.2007

Erntebilanz 2006 - Wetterkapriolen bescheren Landwirten unterdurchschnittliche Erträge

Autor GENIOS BranchenWissen: K.Zirkel

Kernthesen

- Die Ernteergebnisse lagen unter den Erträgen des Vorjahres und des langjährigen Durchschnitts.
- Die Ernte war geprägt von einem langen, kalten Winter und einem trockenen, heißen Sommer.
- Die Getreideernte blieb fünf Prozent hinter den Erträgen des Vorjahres und des langjährigen Durchschnitts zurück,

lediglich Raps und Obst legten deutlich zu.

Beitrag

So extrem die Witterung, so durchwachsen fiel 2006 die Ernte aus: Während die Landwirte vor allem bei Getreide und Kartoffeln spürbare Einbußen hinnehmen mussten, erzielten sie bei Raps und Obst Rekordergebnisse. Ursache war vor allem der ungewöhnliche Witterungs- und Vegetationsverlauf mit einem lang anhaltenden Winter, einem heißen, trockenen Frühsommer und einem regenreichen August.

Ernte mit Hindernissen

Die winterliche Witterung mit Schneefall und niedrigen Temperaturen setzte sich 2006 bis Mitte März fort, so dass die Landwirte die Felder erst drei Wochen später als gewöhnlich mit Sommergetreide, Kartoffeln und Zuckerrüben bestellen konnten. In der zweiten Maihälfte war es kühl und regnerisch, so dass die mit Mais bestellten Felder aufliefen. Der Juli war mit Temperaturen um fünf Prozent über dem langjährigen Mittel extrem heiß und trocken, die Bodenfeuchte ging stark zurück. Bei Mais kam es zu

Wachstumsdepressionen, auf den ausgetrockneten Grünlandflächen wuchs kein Gras mehr nach. Der August brachte einen Wetterumschwung mit deutlicher Abkühlung und häufigen Niederschlägen: Die Erntearbeiten mussten unterbrochen werden, teilweise kam es zu Auswuchsschäden. Da die Landwirte bei längerem Warten mit der Ernte ein Qualitätsrisiko befürchteten, mussten sie Getreide mit höheren Kornfeuchten - bei deutlich geringerer Qualität - in Kauf nehmen.

Getreideernte rückläufig

Vor allem das für die Landwirtschaft so wichtige Getreide litt unter dem unbeständigen Wetter. Die starken Niederschläge im Haupterntemonat August hatten zur Folge, dass sich die Erntearbeiten besonders in Küstennähe, höheren Lagen und Spätdruschgebieten verzögerten. Nach den wechselhaften Erträgen der vergangenen Jahre verfehlte die Ernte 2006 knapp das Vorjahresniveau und den langjährigen Durchschnitt (- 4,9 Prozent). Deutschlandweit fuhren die Landwirte 43,6 Millionen Tonnen Getreide ein, das sind fünf Prozent weniger als 2005.
Experten führen den Rückgang vor allem auf geringere Hektarerträge zurück. Mit 64,7 dt/ha

Getreide lag der Ertrag knapp vier Prozent unter Vorjahresniveau. Zudem verringerten die Landwirte die Anbaufläche, vornehmlich für Sommergetreide, um knapp zehn Prozent. [Abb.1], (1)

Nordostdeutschland litt besonders unter der Witterung

Die Erträge fielen regional verschieden aus, da sich die Trockenheit - je nach Wasserhaltevermögen der Böden - unterschiedlich auswirkte und sowohl Zeitpunkt als auch Menge der Niederschläge örtlich variierte. So brachten die Landwirte in Südwestdeutschland bis zu neun Prozent mehr Getreide ein als im Vorjahr, während die Erträge im Nordosten teilweise um bis zu 14 Prozent zurückgingen. Ursache war der ungewöhnlich heiße und trockene Frühsommer, so dass die Druschfrüchte in der Phase der Kornfüllung zur Notreife übergingen. Zudem beeinträchtigte die mehrwöchige Regenperiode im August die Erntearbeiten und vor allem die Qualitätseigenschaften erheblich. [Abb.2], (2)

Weizen von herausragender Qualität

Zwar war die Getreideernte insgesamt rückläufig, doch bei den einzelnen Sorten variierten die Ergebnisse stark. Während die Ernte von Winterweizen, die wichtigste Getreideart in Deutschland, mit 21 Millionen Tonnen um fünf Prozent geringer ausfiel als im Vorjahr, schnitt Hartweizen am besten ab: Mit 62 000 Tonnen wurde das Vorjahresergebnis sogar um 21,6 Prozent übertroffen Auch die Roggenernte fiel überdurchschnittlich aus, der Brotroggenanteil erreichte 95 Prozent - im Vergleich zu 76 Prozent im zehnjährigen Mittel.
Qualitativ überraschten einige Ernteergebnisse jedoch positiv. Die Qualitäten bei Brotgetreide sind teils hervorragend, vor allem die hohen Protein- und Sedimentationswerte des Weizens sorgten für guten Backeigenschaften. (1)

Weniger Getreide in der EU

Auch EU-weit brachten die Landwirte weniger Getreide ein als im Vorjahr. Schätzungen zufolge lag die Ernte zwischen 241 und 244 Millionen Tonnen, das sind rund fünf Prozent weniger als im Vorjahr (258 Millionen Tonnen). Die ungünstigen Wetterbedingungen führten in fast allen Mitgliedsstaaten zu teils heftigen Einbußen. Ausnahme ist lediglich Spanien, das die Getreideproduktion gegenüber 2005 steigern konnte. (1)

Die Preise für Getreide stiegen an. Ursache war zum einen die niedrige Ernte in der EU, zum anderen das weltweit knappe Getreideangebot. Auch der Aufschwung auf den Rohstoffmärkten sowie die besonders in den Herbstmonaten zurückhaltende Verkaufsbereitschaft der Landwirte schlug sich in den Erzeugerpreisen nieder. (1)

Raps und Rübsen legten kräftig zu

Raps und Rübsen gehörten zu den Gewinnern der Ernte. Mit 5,3 Millionen Tonnen wurde die Vorjahresernte um 292 000 Tonnen übertroffen. Zwar lag der Hektarertrag für Winterraps mit 37,6 dt/ha leicht unter dem Vorjahresniveau. Doch die Landwirte dehnten die Anbaufläche um sechs Prozent auf 1,43 Millionen Hektar aus und fuhren dadurch fünf Prozent mehr Raps ein. Bemerkenswert ist dabei, dass die Produktionsfläche in jedem

Bundesland erhöht wurde. Die nachhaltigen Impulse, die vom Raps- und Pflanzenölmarkt hinsichtlich erneuerbarer Energien ausgehen, scheinen sich sichtlich in der Anbauplanung der Landwirte niederzuschlagen.
In den östlichen Bundesländern und Schleswig-Holstein litt die Ernte dagegen massiv. Zum einen bedingt durch die Trockenheit in der Schotenfüllphase und die frühe Abreife, zum anderen durch den Befall mit Rapsglanzkäfern. Die zunehmende Resistenz des Käfers gegen Insektizide hatte erhebliche Ausfälle zur Folge. [Abb.1]

Auch EU-weit fiel die Rapsernte erfreulich aus. Die Schätzungen liegen bei 20,4 Millionen Tonnen, damit überstieg die Ernte das Vorjahresergebnis um 1,5 Prozent. Allerdings erreichte die Erntemenge - trotz Ausdehnung der Anbaufläche, insbesondere in Frankreich - mit 15,5 Millionen Tonnen gerade einmal das Vorjahresniveau. (1)

Kartoffelerträge enttäuschen

Die Kartoffelernte blieb - bedingt durch die Trockenheit - weit hinter den Erwartungen zurück. Mit 9,83 Millionen Tonnen brachten die Landwirte knapp 14 Prozent weniger Kartoffeln ein als im

Vorjahr. Ursache war zum einen die späte Auspflanzung im Frühjahr und die Trockenheit im Frühsommer. Für die Frühkartoffeln, die erst im Juni geerntet wurden, kamen die Niederschläge im August zu spät, während sich die später reifenden Sorten bei der sonnigen September-Witterung noch erholen konnten. Die Qualität war wegen des ungewöhnlichen Vegetationsverlaufs nicht immer zufriedenstellend. Es wurden mehr kleine Knollen als gewöhnlich geerntet, Übergrößen gab es kaum, zudem erschwerten Nass- und Braunfäule die Lagerung. Wegen des knappen Angebots lagen die Erzeugerpreise für Speisekartoffeln fast doppelt so hoch wie im Vorjahr. [Abb.1], (3), (1)

Obst floriert, Gemüse stagniert

Bei der Ernte von Erdbeeren glänzten die Obstbauern - nicht zuletzt durch die hervorragende Juniwitterung - mit Rekordergebnissen. Die Hektarerträge übertrafen mit 118,5 dt das Vorjahresergebnis um neun Prozent, die Anbaufläche wurde wegen der guten Vorjahresergebnisse erneut ausgedehnt. Ebenso positiv fiel die Baumobsternte aus. Mit 942 000 Tonnen Äpfeln wurde die Ernte 2005 um sechs Prozent überschritten, bei Birnen brachten die Obstbauern sogar 27 Prozent mehr ein als im Vorjahr.

Die Süßkirschenernte war mit 30 400 Tonnen (+ zwölf Prozent) zwar üppiger als 2005, lag aber dennoch unter dem langjährigen Mittel. Das kühle Frühjahr hatte in einigen Anbaugebieten einen geringeren Fruchtansatz zur Folge, die Trockenheit im Juli führte zu kleinen Fruchtgrößen und auch der starke Augustregen und Hagelschlag setzte den Sauerkirschen zu. [Abb.1]

Das Wachstum vieler Gemüsekulturen litt unter der bis Ende Juli andauernden Trockenheit. Es kam zu Wachstumsstillstand und Qualitätseinbußen, vor allem durch Blattverbrennungen. Sichere Erträge konnten nur durch Beregnung erzielt werden. Zwar ging der Ertrag um zwei Prozent zurück, doch die Erntemenge pendelte sich mit 2,97 Millionen Tonnen (+0,3 Prozent) in etwa auf Vorjahresniveau ein.

Entschädigung für Ernteausfälle

Landwirten, die von den Ernteschäden besonders betroffen waren, boten die Bundesregierung und die EU eine Reihe von Hilfen an: Neben Sonderkreditprogrammen der Landwirtschaftlichen Rentenbank durften die Landwirte Futter auf Flächen anbauen, die nach EU-Recht stillgelegt werden müssten. Etwas gemindert wurden die finanziellen

Verluste lediglich dadurch, dass die Erzeugerpreise wegen der knapperen Ernte anzogen. Die unterdurchschnittlichen Ernteergebnisse hatten zur Folge, dass die Landwirte bei fast allen pflanzlichen Produkten höhere Erlöse erzielten und die Erzeugerpreise anstiegen.
Für 2007 schätzten die Landwirte ihre Zukunft jedoch wieder positiver ein als in den vergangenen Jahren: Vor allem die Produktion nachwachsender Rohstoffe, wie zum Beispiel Raps für Biodiesel, beflügeln die Phantasie der Landwirte als alternative Einkommensmöglichkeit.

Fallbeispiele

Landwirte wittern ihre Chance

Nicht zuletzt die düsteren Prognosen wegen des Klimawandels ließen die Nachfrage nach erneuerbaren Energien steigen. Inzwischen hat sich der Anbau von Raps zur Herstellung von Biodiesel für viele Landwirte zum zweiten lukrativen Standbein entwickelt. Die Erzeugerpreise für Winterraps stiegen um 20 Prozent. EU-weit ist Deutschland der größte

Rapserzeuger. 2006 wurden auf einer Fläche von 1,6 Millionen Hektar nachwachsende Rohstoffe angebaut, allein die Hälfte Raps für Biodiesel. Die Fläche für Bioenergie soll sich nach Schätzung von Experten bis 2030 verdoppeln. (1), (4)

Verbraucherpreise zogen an

Die unterdurchschnittliche Ernte hatte zur Folge, dass die Verbraucherpreise für Nahrungsmittel um 1,7 Prozent gegenüber dem Vorjahr liegen. Ungewöhnlich stark stiegen die Preise bei Obst (+ 2,4 Prozent), Gemüse (+8,2 Prozent) und alkoholfreien Getränken wie Apfelsaft (+5 Prozent). Bei Kartoffeln mussten die Verbraucher sogar Steigerungen von 26,4 Prozent hinnehmen. (5)

Zahlen & Fakten

Erzeugung ausgewählter landwirtschaftlicher Produkte

Produkt	Anbauflächen in ha		Erträge in dt/ha		Erntemengen in 1000 t		Veränderung in Prozent 2006 gegen 2005
	2005	2006	2005	2006	2005	2006	
Getreide insgesamt	6.839,0	6.727,0	67,3	64,7	45.980,0	43.552,0	-5,3
dav. Winterweizen	3.110,0	3.067,0	75,1	72,4	23.349,0	22.214,0	-4,9
Sommerweizen	53,0	45,0	54,9	53,4	293,0	240,0	-18,1
Hartweizen	10,0	12,0	49,3	53,0	51,0	62,0	21,6
Roggen	549,0	539,0	50,9	49,0	2.794,0	2.645,0	-5,3
Wintermenggetreide	9,0	9,0	51,8	51,1	48,0	48,0	0,0
Wintergerste	1.345,0	1.483,0	65,6	63,7	8.819,0	9.437,0	7,0
Sommergerste	602,0	548,0	46,4	46,8	2.795,0	2.562,0	-8,3
Hafer	210,0	185,0	45,9	45,1	964,0	833,0	-13,6
Sommermenggetreide	26,0	25,0	41,8	41,0	109,0	104,0	-4,6
Triticale	481,0	407,0	55,7	55,2	2.676,0	2.249,0	-16,0
Körnermais, Corn-Cob-Mix	443,0	407,0	92,7	77,5	4.083,0	3.158,0	-22,7
Futtererbsen	110,0	93,0	31,4	31,2	346,0	289,0	-16,5
Ackerbohnen	16,0	15,0	38,0	30,9	60,0	46,0	-23,3
Kartoffeln	277,0	274,0	419,8	358,6	11.624,0	9.829,0	-15,4
Zuckerrüben	420,0	358,0	601,8	574,3	25.285,0	20.559,0	-18,7
Raps und Rübsen	1.344,0	1.426,0	37,6	37,3	5.052,0	5.318,0	5,3
Körnersonnenblumen	27,0	32,0	24,7	19,3	67,0	62,0	-7,5
Freilandgemüse	105,0	107,0	281,8	277,5	2.959,0	2.969,0	0,3
Marktobstbau	-	-	-	-	1.021,0	1.116,0	9,3
dar. Äpfel	32,0	32,0	275,6	291,6	868,0	942,0	6,4
dar. Birnen	2,0	2,0	175,9	218,9	38,0	48,0	26,6
Hopfen	17,0	18,0	20,0	-	34,0	-	-
Tabak	5,0	3,0	24,4	-	11,0	-	-
Weinmost	99,0	99,0	92,3	91,0	9.129,0	9.025,0	-1,1

Quelle: Agrarpolitischer Bericht 2007

Entnommen aus: Bundesministerium für Ernährung, Landwirtschaft und Verbraucherschutz, www.bmelv.de

Getreideernte nach Bundesländern: Hektarerträge

Land	Durchschnitt 2000-2005	2005	2006	2006 gegen Durchschnitt	2006 gegen 2005
	dt/ha			Veränderung in Prozent	
Baden-Württemberg	61,1	59,5	64,9	6,2	9,1
Bayern	60,0	58,6	59,0	-1,6	0,7
Brandenburg	48,4	50,9	46,2	-4,4	-9,2
Hessen	66,4	64,9	68,4	3,0	5,5
Mecklenburg-Vorpommern	67,4	69,0	67,2	-0,4	-2,6
Niedersachsen	69,0	72,8	69,4	0,6	-4,7
Nordrhein-Westfalen	74,5	75,4	71,4	-4,2	-5,2
Rheinland-Pfalz	57,8	56,2	63,0	9,0	12,1
Saarland	55,5	56,6	57,3	3,3	1,2
Sachsen	60,3	64,6	56,0	-7,1	-13,3
Sachsen-Anhalt	65,5	65,9	64,1	-2,2	-2,8
Schleswig-Holstein	83,8	84,9	79,2	-5,5	-6,7
Thüringen	65,0	65,1	63,3	-2,7	-2,9
Deutschland gesamt	**64,6**	**65,5**	**64,0**	**-1,0**	**-2,4**

Quelle: Statistisches Bundesamt

Entnommen aus: Bundesministerium für Ernährung, Landwirtschaft und Verbraucherschutz, www.bmelv.de

Weiterführende Literatur

(1) O.V., Agrarpolitischer Bericht 2007 der Bundesregierung, Bundesministerium für Ernährung, Landwirtschaft und Verbraucherschutz,

www.bmelv.de
aus Lebensmittel Zeitung 10 vom 09.03.2007 Seite 012

(2) Nummer: 4...
aus Agra-Europe (AgE), 48. Jahrgang Nr. 4 vom 22.01.2007

(3) O.V., Weniger Getreide und Kartoffeln, aber mehr Winterraps, Bundesministerium für Ernährung, Landwirtschaft und Verbraucherschutz, Pressemitteilung vom 1.02.2007, www.bmelv.de
aus Agra-Europe (AgE), 48. Jahrgang Nr. 4 vom 22.01.2007

(4) Bauern zwischen Teller und Tank
aus Frankfurter Allgemeine Zeitung, 24.02.2007, Nr. 47, S. 10

(5) O.V., Verbraucherpreise 2006: +1,7 Prozent gegenüber 2005, Statistisches Bundesamt, Pressemitteilung vom 17.01.2007
aus Frankfurter Allgemeine Zeitung, 24.02.2007, Nr. 47, S. 10

Impressum

Erntebilanz 2006 - Wetterkapriolen bescheren Landwirten unterdurchschnittliche Erträge

Bibliografische Information der deutschen Nationalbibliothek

Die Deutsche Nationalbibliothek verzeichnet diese Publikation in der deutschen Nationalbibliografie; detaillierte bibliografische Daten sind im Internet über http://dnb.d-nb.de abrufbar.

ISBN: 978-3-7379-2459-7

© 2015 GBI-Genios Deutsche Wirtschaftsdatenbank GmbH, Freischützstraße 96, 81927 München, www.genios.de

Alle Rechte vorbehalten. Dieses Werk ist einschließlich aller seiner Teile – z.B. Texte, Tabellen und Grafiken - urheberrechtlich geschützt. Jede Verwertung außerhalb der Grenzen des Urheberrechtsgesetzes bedarf der vorherigen Zustimmung des Verlags. Dies gilt insbesondere auch für auszugsweise Nachdrucke, fotomechanische Vervielfältigungen (Fotokopie/Mikroskopie), Übersetzungen, Auswertungen durch Datenbanken oder ähnliche Einrichtungen und die Einspeicherung und Verarbeitung in elektronischen Systemen.